HENRI BOYER

TOUS DÉCORÉS!...

COMÉDIE EN UN ACTE

PRIX : 1 FRANC

PARIS
LIBRAIRIE THÉÂTRALE
14, RUE DE GRAMMONT, 14

1888

TOUS DÉCORÉS

COMÉDIE

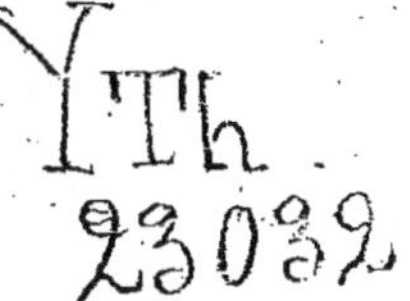

IMPRIMERIE GÉNÉRALE DE CHATILLON-SUR-SEINE. — A. PICHAT.

HENRI BOYER

TOUS DÉCORÉS

COMÉDIE EN UN ACTE

PRIX : UN FRANC

PARIS
LIBRAIRIE THÉATRALE
14, RUE DE GRAMMONT, 14

—

1888

PERSONNAGES

COCAREL, rentier, 50 ans.
SAINT-RUPIN, 25 ans.
PEPINOIS, huissier de ministre, 60 ans.

La scène de nos jours, à Paris.

Toutes les indications sont prises de la gauche
du spectateur.

TOUS DÉCORÉS

SCÈNE PREMIÈRE

PEPINOIS.

Pepinois est assis à son bureau où il inscrit des cartes de visite sur un registre.

Monsieur de la Pluchardière, député de l'Indre-et-Cher... Monsieur Duraloy, fabricant de caoutchouc durci... (Il ferme le registre.) En voilà assez pour aujourd'hui; je suis fatigué, — d'autant plus que... — Je vous conte ça entre nous, — j'ai un vice, mais un vrai vice pour ma profession, j'écris difficilement la langue française... Ah! pour lire, c'est différent, je ne peux pas lire du tout... je déchiffre les noms à la longueur... (Avec satisfaction.) — Aussi je suis l'huissier! et on demande ma protection... Ce que j'en vois des courbettes et des bassesses et des recommandations ! ça vous donne une singulière idée de l'humanité, ça rend philosophe ! Après tout, qu'est-ce que ça me fait ! (Il tire sa montre.) Midi, l'heure de mon déjeuner !... C'est le bon moment de la journée ! (Il tire un panier de dessous son bureau, étale un journal sur sa table, y pose son déjeuner, qu'il se met en devoir d'ingurgiter. — On cogne à la porte du fond.) — Allons, bon ! un gêneur !... (On recogne.) Attends un peu, si tu crois que je vais t'ouvrir, toi !... (On recogne toujours.) — Je vous demande un peu si c'est une heure à déranger les honnêtes gens ! (Il continue à déjeuner avec satisfaction quand la porte s'ouvre, Cocarel avance timidement la tête.) — Saprelotte ! j'ai oublié de tirer le verrou !... Puisqu'on vous dit qu'il n'y a personne !

SCÈNE II

COCAREL, PEPINOIS.

COCAREL, il est en habit et cravate blanche.

Pardon ! C'est bien ici le cabinet de M. le Ministre des Arts intérieurs ?

PEPINOIS, furieux d'avoir été dérangé.

Qu'est-ce que ça peut vous faire ?

COCAREL.

Permettez...

PEPINOIS.

Et quand ça serait ! A-t-on jamais vu demander un ministre à cette heure-ci ?

COCAREL.

Mais, cependant...

PEPINOIS.

Il n'y a pas de cependant... D'abord M. le Ministre n'est pas là ! il est au Conservatoire...

COCAREL.

Des arts et métiers...

PEPINOIS.

Au Conservatoire de chant et de déclamation! Il a
été voir si on ne pourrait pas le démolir...

COCAREL.

Pour le reconstruire sans l'inaugurer?... Je ne vois
pas bien...

PEPINOIS.

Mais non, pour donner un nouvel essor à l'art!

COCAREL.

Je veux bien!

PEPINOIS.

Avez-vous une lettre d'audience?

COCAREL.

Non!

PEPINOIS, brusquement.

Alors que demandez-vous?

COCAREL.

Hein!

PEPINOIS.

Si vous croyez que nous avons du temps à perdre
à écouter les demandes ridicules des personnes qui
viennent ici!... Et si vous n'avez pas autre chose...

Il lui fait un geste de départ.

COCAREL.

Permettez, je viens surtout pour voir un haut fonctionnaire, monsieur Lubridin!

PEPINOIS, très aimable.

M. Lubridin! Le chef du cabinet du secrétaire du
sous-secrétaire particulier du Ministre, parfaitement!...
Asseyez-vous donc, monsieur!

COCAREL, va pour s'asseoir, tout intimidé, manque l'équilibre, s'asseoit enfin, et répète machinalement.

C'est un haut fonctionnaire!

PEPINOIS.

Je me disais aussi... Monsieur, avec une figure aussi intelligente, ne peut venir que pour une de nos lumières! Voulez-vous me rappeler votre nom?

COCAREL.

Cocarel, Nestor, Hippolyte, rentier!...

PEPINOIS.

Rentier! Monsieur est rentier! ça ne m'étonne pas, avec une tête comme celle de monsieur... Asseyez-vous donc... Ah! vous y êtes... Je vais faire passer votre nom à M. Lubridin qui est très occupé!...

COCAREL, se levant.

Je reviendrai!

PEPINOIS.

Très occupé!... (A part.) Il lit un roman de M. Zola... (Haut.) Mais peut-être vous recevra-t-il!... (Un temps.) Si c'est une affaire sur laquelle je puisse vous renseigner...

COCAREL, avec embarras.

Mon Dieu! Monsieur l'huissier! je vous l'ai déjà dit! Je suis rentier...

PEPINOIS.

Ce n'est pas déshonorant!

COCAREL, continuant.

... et j'ai un désir qui me mord le cœur. Après avoir lutté, j'ai décidé d'essayer au moins de le satisfaire. Je puis m'en ouvrir à vous : je voudrais être décoré du Mérite littéraire.

PEPINOIS.

Ah ! diable, vous allez bien, vous ! Et qu'avez-vous...
produit, comme justification d'une demande ?...

COCAREL, interdit.

Hein !

PEPINOIS, à part.

Il ne comprend rien... (Haut.) Je dis : « Qu'avez-vous
produit en littérature ? » On va vous demander ça !

COCAREL.

Le fruit de mes veilles s'est traduit par un opuscule
que j'ai intitulé : « Essai sur une méthode destinée à
empêcher de désapprendre à lire. »

PEPINOIS.

Ah ! ça c'est très utile... (A part.) pour moi surtout...
(Un temps. — Haut.) — Seulement, voilà, il faut d'abord
apprendre...

COCAREL.

Eh ! oui ! (A part.) Cette réflexion est judicieuse..

PEPINOIS.

C'est bien compliqué ! Enfin, peut-être avez-vous
des chances... On a bien vu des imbéciles réussir ! Ne
vous découragez pas.

COCAREL.

Je vous suis vraiment obligé.

PEPINOIS.

Je vais faire passer votre nom, et dans une minute,
ou une heure, on pourra vous introduire !...

Pepinois sort au fond, laissant Cocarel très gêné.

COCAREL.

C'est la première fois que je me présente chez un
ministre... Je ne suis pas très à mon aise !... Parti à
sept heures du matin, en redingote, j'ai rencontré en

route mon ami Tecmel qui m'a demandé où j'allais si affairé, je le lui ai dit... Comment! malheureux, répliqua-t-il, tu vas chez un ministre en redingote? mais ça ne se fait pas, on se met en habit!... Tu crois?... Eh! oui, mon bon!... Comme je n'avais pas d'habit sur moi, je suis entré à la Belle Jardinière. — Là, un employé poli m'a demandé si je voulais un habit cousu; sur ma réponse affirmative, il m'en a présenté un de cent cinquante francs. J'ai refusé, il m'en a offert un autre de vingt-cinq francs. C'était dans mes prix!... Seulement comme j'étais tombé sur un employé honnête — il y en a! — il m'a prévenu que les habits de vingt-cinq francs n'étaient pas cousus du tout et qu'il fallait me défier... Alors je me défie... Je n'ose pas remuer, et ça m'enlève une partie de mes moyens... J'entends des voix, tenons-nous!

Il se rasseoit.

PEPINOIS, à la cantonade.

Vous attendrez dans l'antichambre, monsieur!

SCÈNE III

COCAREL, PEPINOIS, SAINT-RUPIN.

Pepinois et Saint-Rupin entrent au fond, Saint-Rupin est très gommeux, monocle à l'œil, et au dernier chic. — Il est décoré du Mérite littéraire [1].

SAINT-RUPIN.

Alors!... Mon ami Lahirel n'est pas visible?

PEPINOIS.

Il n'est pas encore venu! Monsieur Saint-Rupin!

---

1. Cette décoration encore à créer est rose à raies noires.

SAINT-RUPIN.

Vous savez, on ne me fait pas poser, moi! S'il est
là, il faut me prévenir.

PEPINOIS.

Monsieur peut bien penser que je n'ai pas d'intérêt...

SAINT-RUPIN.

Il n'est pas encore levé, je parie, ce satané Lahirel!...
(En se retournant, il aperçoit Cocarel assis qui n'a pas bougé.) —
Eh! mais je ne me trompe point, monsieur Cocarel!

COCAREL.

Monsieur Saint-Rupin! Que je suis aise de vous ren-
contrer! Vous allez toujours bien depuis que nous
nous vîmes?

SAINT-RUPIN.

Pas mal, sauf l'estomac! et cette chère madame Cocarel, a-t-elle toujours ses vapeurs?

COCAREL.

Toujours! les bains de mer pourtant lui donnent
quelque répit!

SAINT-RUPIN.

Ah! les bains de mer! c'est là où je vous ai connu!
à Luc; hein! en avons-nous pêché des crevettes!...
Pas vous, parce que vous restiez toujours sur la plage...
Mais madame Cocarel!... et mademoiselle Georgette,
votre fille?...

COCAREL.

Elle va bien aussi!... En avez-vous fait de ces par-
ties!

SAINT-RUPIN.

Oui, l'air de la mer, c'est souverain... Mais au fait,
vous êtes ici en solliciteur sans doute, si je puis vous
être utile...

PEPINOIS, intervenant.

Monsieur, qui est rentier, me le disait tout à l'heure:
Le Mérite littéraire est le but de sa vie!

COCAREL.

Chacun a ses petites faiblesses!... Quant à mes titres...

SAINT-RUPIN.

Ne me parlez pas de titres! d'abord si vous avez des
droits, vous êtes sûr de ne rien obtenir, il vaut mieux
n'en pas parler.

PEPINOIS.

Comme monsieur connaît bien l'administration !

SAINT-RUPIN.

Eh! oui! eh! oui! Les antichambres n'ont pour moi
plus de secrets... Ainsi tenez, je viens pour recomman-
der une jeune fille qui désire être nommée professeur
de musique..

COCAREL.

Ah ça, il faut du solfège!

SAINT-RUPIN.

Du solfège! allons donc! vous croyez que ma proté-
gée connaît la musique! pas du tout, c'est pour l'apprendre.

On sonne.

PEPINOIS.

On me sonne ! Je vais vous dire si M. Lahirel est arrivé !

Il sort.

SCÈNE IV

COCAREL, SAINT-RUPIN.

COCAREL.

Puisque je vous tiens un instant, il faut que je vous gronde! On ne vous voit plus.

SAINT-RUPIN.

Je suis si occupé, mon cher Cocarel! le monde a ses exigences... A ce propos, je ne dois pas vous cacher que dans ce même monde, cet hiver, on a parlé de mon mariage avec mademoiselle Georgette votre fille. Excusez-moi de vous le dire sans préparation, mais il vaut mieux que vous soyez prévenu.

COCAREL.

Ah! on a parlé!...

SAINT-RUPIN.

Vous pensez bien que j'ai tout démenti! Vous avez trop de fortune! je conviens pourtant que, de mon côté, j'ai des qualités...

COCAREL.

Exceptionnelles, je le sais. Je m'en ouvrirai à madame Cocarel et nous discuterons ce choix, après avoir consulté ma fille, bien entendu, car nous ne ferons rien pour peser sur sa détermination... Pourtant, à ne vous rien cacher, il m'a semblé que madame Cocarel ne vous était pas toute acquise,... elle a, en parlant de vous, des réticences..... je crains qu'elle ne vous aime pas beaucoup !

SAINT-RUPIN, à part.

Oh! ces maris, tous les mêmes ! (Haut.) Vraiment !

1.

CÓCAREL.

Aux bains de mer, vous étiez toujours avec nous.
Elle m'a avoué, depuis, qu'elle vous recevait pour
m'être agréable !... mais tranquillisez-vous, quand je
veux une chose, c'est fait et, si je me mets en tête de
vous soutenir, ma volonté prévaudra... Eh ! tenez !
je suis franc : Faites-moi décorer et vous n'aurez qu'à
vous jeter dans les bras de votre beau-père !

SAINT-RUPIN.

Croyez bien que si ça ne dépend que de moi !... (Il
se précipite dans les bras de Cocarel.) Ce cher beau-père !

COCAREL, se débattant.

Ne soyez pas si pressé !

SAINT-RUPIN.

Laissez, que je presse mon cœur contre votre sein
paternel !

Il l'étreint vigoureusement.

COCAREL.

Assez d'effusion !... j'entends un craquement, mon
Dieu !... (A part.) mon habit sans doute ! (Haut.) Saint-
Rupin, regardez-moi dans le dos, je vous prie !

Il se tourne, on aperçoit une vaste déchirure.

SAINT-RUPIN

Diable ! l'accroc n'est pas mince !

COCAREL.

C'est fendu, hein !

SAINT-RUPIN.

Complètement ; pour une fente, c'est une belle fente !

COCAREL.

Voilà ce que je craignais... J'ai eu tort de me lancer
dans le stock des vingt-cinq francs ; mauvaise écono-
mie ! (Il cherche à se voir le dos.) Comment me présenter
dans cet état !

SAINT-RUPIN.

Il est certain que comme tenue...

GOCAREL.

Voilà ma visite manquée!

SAINT-RUPIN.

Vous n'auriez pas une aiguille?

GOCAREL, impatient.

Eh! non! ça pique trop, je n'ai pas l'habitude d'en porter sur moi... Voyons d'abord la déchirure.

Il quitte son habit et le contemple d'un œil mélancolique.

SAINT-RUPIN.

D'ailleurs, vous ne savez sans doute pas coudre, ni moi... alors!

GOCAREL, de plus en plus vexé.

Nom d'un petit bonhomme!!

SAINT-RUPIN.

Ça me rappelle cela, qu'une fois... j'ai déchiré mon gilet... comme vous, à peu près..

GOCAREL, à part.

Ah! mais... il m'ennuie... (Haut.) Permettez...

SAINT-RUPIN.

J'ai prié une jeune personne de me faire une reprise. A la fin de la journée la reprise m'avait coûté cent vingt-cinq francs...

Il est interrompu par Pepinois.

SCÈNE V

Les Mêmes, PEPINOIS.

PEPINOIS.

Vous allez bien, vous! en bras de chemise dans un vestibule de Ministre! Vous allez me faire révoquer!

COCAREL, presque furieux, montrant Saint-Rupin.

C'est la faute de monsieur... avec ses démonstrations exagérées!...

PEPINOIS.

Et M. Lubridin qui vous attend! Si vous êtes décoré, vous!...

COCAREL, très ennuyé.

M. Lubridin m'attend! Mon Dieu! je ne peux pas pourtant me présenter en bras de chemise.

PEPINOIS.

Je ne vous dirai pas que ça se fasse journellement, mais cependant dans certains cas.....

SAINT-RUPIN.

Attendez! j'ai une idée. J'ai le temps, moi! Vous allez prendre mon paletot.

COCAREL, radouci.

Mon cher Saint-Rupin, vous me sauvez la vie. Ma fille est à vous!

SAINT-RUPIN.

Trop heureux de vous être agréable, mais désolé de n'avoir pas votre embonpoint.

Il lui passe son paletot qui porte à la boutonnière le Mérite littéraire. — Cocarel est tellement serré qu'il peut à peine remuer les bras.

PEPINOIS.

Dépêchez-vous, ça va comme un gant !

COCAREL.

Comme un gant ! Donnez-moi mon chapeau, je ne
peux pas étendre la main.

PEPINOIS.

Voilà ! Dépêchons !

Pepinois pousse Cocarel à la porte du fond, l'annonce très
fort et revient en maugréant. — Saint-Rupin reste au
milieu, tenant l'habit de Cocarel, puis va le poser sur la
banquette.

SCÈNE VI

SAINT-RUPIN, PEPINOIS.

PEPINOIS.

Voyez-vous, monsieur Saint-Rupin, ça n'est pas une
vie ! On ne s'appartient pas, on est tout au public !

SAINT-RUPIN, sentencieux.

A chacun ses ennuis !

PEPINOIS.

Dans ma profession, j'ai eu le temps de réfléchir
longuement sur les réformes nécessaires. Savez-vous
ce que je ferais, monsieur, si j'étais ministre ?. ...

SAINT-RUPIN.

J'avoue que...

PEPINOIS.

Je déciderais que tout fonctionnaire serait décoré en
entrant dans ses fonctions... de sorte qu'on aurait la
paix !

SAINT-RUPIN.

Et après ?

PEPINOIS.

Après ! Je ne ferais rien !........ tout comme les autres !

SAINT-RUPIN.

Vous êtes un révolutionnaire, Pepinois !

PEPINOIS.

On le serait à moins, si vous saviez tous les passe-droits qu'on nous fait. J'ai un collègue qui écrit, que c'est en moulé ! Ainsi un jour son chef lui a fait mettre sur une étiquette le mot : Classement.

SAINT-RUPIN.

C'est difficile !

PEPINOIS.

Eh bien ! vous me croirez si vous voulez, il est resté sur ce mot-là ! On a dit qu'il avait mis trop de lettres, comme s'il y en avait jamais trop.

SAINT-RUPIN.

Que voulez-vous ? la jalousie !

PEPINOIS.

Moi, je n'espère plus rien ! Je veux être tranquille ! Mais je ne m'en cache pas, à vous. Je suis comme le vieux auquel vous venez de prêter votre paletot, je voudrais quelque chose là !

Il montre sa boutonnière.

SAINT-RUPIN.

Ecoutez ! mon brave ; peut-être pourrai-je......

PEPINOIS.

Oh ! monsieur ! je vais prendre ma retraite ; ce sera un baume sur mon existence de garçon de bureau.

SAINT-RUPIN.

En attendant, retournez voir si Labirel est arrivé.
Je commence à trouver l'attente un peu longue.

PEPINOIS.

J'y vole, monsieur !

Au moment où il va sortir au fond, la porte s'ouvre avec
fracas, Cocarel entre très excité.

SCÈNE VII

LES MÊMES, COCAREL.

COCAREL, furieux.

Ça n'a pas de nom ! c'est incroyable !

SAINT-RUPIN.

Qu'y a-t-il, cher beau-père ?

COCAREL.

D'abord je vous défends de m'appeler beau-père !

SAINT-RUPIN.

Qu'avez-vous ?

COCAREL.

Jamais je n'ai subi pareil affront ! (A Pepinois.) Ecoutez plutôt, vous qui êtes désintéressé. — Je me présente avec distinction, je ne dirai pas avec élégance,
parce que le paletot me gênait un peu, mais enfin
avec les manières du monde distingué... — Je me
trouve en présence d'un monsieur qui, sans lever le
nez, me demande brusquement ce que je veux. J'avais
préparé une phrase nette et qui devait me poser au
début : — Le gouvernement, monsieur le chef de cabinet du secrétaire, doit avoir un œil ouvert sur les
services rendus, un œil sur les services à rendre, et

un autre sur les mérites modestes et dissimulés des ci-
toyens qui s'ignorent et à la phalange desquels j'ap-
partiens...

SAINT-RUPIN.

Que d'yeux ! mon Dieu ! que d'yeux !

PEPINOIS.

Il parle bien, cet homme-là !

GOCAREL.

Vous croyez peut-être qu'il m'a laissé achever ma
phrase ?... Il m'a coupé au début ! Et pourtant je lui étais
recommandé à ce monsieur ; il est vrai que c'est peut-
être une raison ! — Au fait ! me dit-il, au fait ! — Je
lui expose alors le motif de ma visite ; il daigne lever
les yeux sur moi et avec un regard où l'ironie semblait
le disputer à la férocité, il me jette ces quelques mots :
« Vous vous moquez du gouvernement ! » — Moi qui
les ai tous respectés et servis, les gouvernements ! —
« De deux choses l'une : ou vous êtes chevalier du Mérite
littéraire —, et votre demande n'est qu'une amère déri-
sion ; ou vous ne l'êtes pas, et vous vous présentez chez
moi avec ce signe distinctif à la boutonnière, com-
mettant un acte sur la nature duquel je ne veux pas
insister !... Dans les deux cas, votre conduite est in-
qualifiable ; sortez ! » — Et il m'a flanqué à la porte.

Pepinois et Saint-Rupin rient chacun de leur côté.

GOCAREL.

Si je n'avais été gêné par des manches trop courtes,
n'écoutant que mon indignation, je lui eusse prouvé
sur l'heure qu'on n'expulse pas de cette façon un rentier, — enfin j'étais prêt à tout, lorsque...... réflexion
faite, j'ai préféré m'en aller en lui exprimant, par mon
silence, la profondeur de mon indignation.

SAINT-RUPIN.

Mon cher beau-père, croyez que je suis désolé...

On entend un timbre résonner. — Pepinois ne bouge pas.

CQCAREL.

Ne me donnez plus ce vocable, monsieur ! vous n'é-
pouserez pas ma fille ! C'est vous qui êtes cause de
tout avec votre satané paletot trop court que vous m'a-
vez mis de force !

SAINT-RUPIN.

Permettez !

COCAREL.

Oui, monsieur, c'est honteux ! vous devriez vous
cacher ! — Savais-je si vous étiez décoré !

                    Le timbre sonne toujours.

SAINT-RUPIN.

J'ai agi dans votre intérêt. Vous ne pouviez pourtant
pas, en bras de chemise...

COCAREL.

Eh ! monsieur, quand on a du cœur, le costume n'est
qu'un accessoire.

PEPINOIS, très tranquille.

Quel est donc l'animal qui sonne comme ça ? Attends un peu ?...

                    Il sort lentement à droite.

SAINT-RUPIN.

Nous n'avions pas pensé à ce ruban ! mais j'arran-
gerai tout, cher beau-père.

COCAREL.

Monsieur, cette plaisanterie a assez duré. Vous donner
ner ma fille ! Dieu sait si je tiens à mon rang dans la
société, mais j'aimerais mieux qu'elle épousât un pa-
veur !

SAINT-RUPIN.

Dame ! elle est demoiselle !

PEPINOIS, qui rentre à gauche.

Monsieur Saint-Rupin, vite ! c'est à vous ! M. Lahire
n'a qu'un instant.

SAINT-RUPIN.

Fichtre ! (A Cocarel.) Rendez-moi mon paletot, s. v. p.

COCAREL, essayant de se draper dedans.

Moi, jamais !

SAINT-RUPIN.

Vous vous appropriez le bien d'autrui à présent ! vous n'êtes pas honteux ! un rentier !

COCAREL.

Je ne puis retourner chez moi avec un habit fendu.— On rirait de moi, monsieur ! je serais suivi, au milieu des huées, d'une foule impitoyable ! Du reste vous êtes cause de tout : j'ai votre paletot, je le garde.

SAINT-RUPIN.

C'est une mauvaise plaisanterie ! Allons, restituez !

COCAREL, se défendant avec énergie.

Vous ne l'aurez qu'avec ma vie !

SAINT-RUPIN.

Et l'autre qui m'attend ! Ma foi, je n'ai pas à hésiter ! (Il endosse l'habit de Cocarel qui est beaucoup trop large.) Vous me le paierez, vieux filou ! je vous traînerai devant les tribunaux.

COCAREL.

J'ai ma conscience pour moi.

Il gesticule. — Saint-Rupin sort vivement à droite.

SCÈNE VIII

COCAREL, PEPINOIS.

PEPINOIS, à Cocarel.

Je vous en prie ! nous sommes dans le vestibule du ministre !

COCAREL.

Voilà qui m'est indifférent. C'est scandaleux de voir la façon dont on traite le talent personnel !

PEPINOIS, qui s'assied à sa table.

Que voulez-vous ? Il faut de la philosophie !

COCAREL.

Après tout, si j'y tenais à ce ruban, ce n'était pas dans un but d'ambition; mais c'était pour ma fille qui eût été fière de se promener au bras d'un père décoré !

PEPINOIS.

C'est une satisfaction honnête !

COCAREL, après un temps.

Voyons ! vous, qui avez l'air d'un brave homme, vous ne pourriez pas m'aider un peu !

PEPINOIS, très fier.

Je ne puis pas beaucoup, mon cher monsieur ! On ne me consulte pas toujours pour les mouvements.

COCAREL.

J'entends bien ; mais vous pourriez glisser un mot en ma faveur adroitement.

PEPINOIS, flatté, allant au milieu.

Je ne dis pas, — sans en avoir l'air. Ainsi, je pour-

rais dire : « Vous savez, il ne faut pas rayer celui-là ;
il a l'air intelligent, et puis voilà dix fois qu'il arrive
de Ménilmontant, c'est un titre ! »

CONGAREL.

Parbleu ! — (A part.) Soyons généreux, et attachons-
le !

Il lui donne deux francs.

PEPINOIS, qui n'a pas regardé la pièce.

Et je puis vous assurer que je saurai au besoin vous
soutenir avec fermeté ! (Il regarde la pièce. — A part.)
Quarante sous ! le pingre ! — (Haut, et rendant la pièce.)
Monsieur, ça ne se fait pas ici, reprenez !

COGAREL.

Non, je vous en prie !

PEPINOIS, à part.

Quarante sous ! c'est pitoyable ! — (Haut.) Ça ne se
fait pas, qu'on vous dit. Et, tenez, votre conduite m'in-
digne, ne comptez plus sur moi ! Nous sommes intègres
ci, monsieur ! —

Il va s'asseoir majestueux et digne.

COGAREL, étonné.

Mais on m'avait assuré que dans les administra-
tions...

PEPINOIS.

En Espagne peut-être ; mais pas ici. Nous ne sommes pas à vendre !

COGAREL, frappé d'une idée. — A part.

Ma foi, tant pis, je me ruine ! il faut savoir frapper
un grand coup. — (Il s'avance vers le bureau, et dépose déli-
catement un louis. — Haut.) Voyons, cher monsieur, je
vous en prie, acceptez, je serai encore votre obligé.
Préférez-vous un objet d'art ?

PEPINOIS, à part.

Vingt francs ! c'est parfait. (Haut et mettant le louis dans sa poche.) — Croyez que c'est bien pour vous faire plaisir que je résous ma dignité... C'est entendu : je dirai un mot pour vous!

COCAREL.

Vous êtes bien aimable !

A ce moment Saint-Rupin entre à droite, d'un air pincé.

SCÈNE IX

COCAREL, SAINT-RUPIN, PEPINOIS.

SAINT-RUPIN, arpentant la scène.

C'est inouï ! Voilà comment nous sommes administrés aujourd'hui ! Ah ! si j'étais député, je ferais des lois, on verrait !

PEPINOIS.

Vous n'avez pas l'air content, monsieur Saint-Rupin !

SAINT-RUPIN.

On le serait à moins. Comprend-on, ce gueux de Lahirel, un homme qui a dîné chez moi, que j'ai bourré de homard à l'américaine, et qui feint de ne pas me reconnaître ! — (Saisissant Pepinois au collet.) Je le sais, c'est la faute de cet habit en loques, il m'a pris pour un va-nu-pieds !...

PEPINOIS, cherchant à se dérober.

Je ne suis pour rien !...

SAINT-RUPIN.

Pardon ! je me trompe, c'est l'autre ! — (Il se retourne vers Cocarel.) C'est vous qui êtes cause de tout, avec votre confection à prix réduit !...

COCAREL, narquois.

Croyez que je suis enchanté !...

SAINT-RUPIN.

Vraiment !

COCAREL, de même.

Enchanté de vous être désagréable!

SAINT-RUPIN.

Tant mieux pour vous, car vous n'aurez pas long-
temps à vous réjouir !

COCAREL.

Vous avez la prétention de m'en empêcher!

SAINT-RUPIN.

Comme vous dites !

COCAREL.

Je voudrais voir ça !...

SAINT-RUPIN.

Vous le verrez, et prochainement. Vous allez compa-
raître devant la justice...

COCAREL, interrompant.

Qui vous condamnera certainement en raison du
préjudice que vous m'avez causé.

SAINT-RUPIN.

Vous déplacez la question. Vous m'avez pris mon
paletot, c'est un vol, *furtum*, crime prévu et puni par
l'article 401 du Code pénal, lequel traite spécialement
des larcins et escroqueries, ce qui est un peu votre
cas. Vous nagez entre un an et cinq ans de prison, au
choix.

COCAREL, vaguement inquiet.

Ce n'est pas sérieux !

SAINT-RUPIN.

J'avais oublié de vous dire que j'ai été assez souvent
étudiant en droit de première année, et je m'en sou-
viens.

CGCAREL, à part.

Sapristi!... (Haut.) — Voyons, la prison, ce n'est pas possible!

SAINT-RUPIN.

Pourquoi donc?

COCAREL.

Moi! être renfermé dans ces repaires de la lie de la société!...

SAINT-RUPIN.

Consolez-vous! je vous promets d'aller vous y rendre visite... quelquefois!

COCAREL, qui frissonne.

Mais je suis un honnête homme!

SAINT-RUPIN.

Il paraît que la Bastille fourmillait d'honnêtes gens!...

COCAREL.

C'est le déshonneur! Tenez, voilà votre paletot, reprenez-le.

SAINT-RUPIN.

Ah! non! Et ma petite vengeance?]

COCAREL.

Voyons! Saint-Rupin, oubliez un moment de vivacité!

SAINT-RUPIN.

C'est le châtiment qui commence; et ce n'est pas tout, le remords peut-être viendra vous talonner; et le remords c'est l'insomnie, peut-être le cauchemar... Franchement, Cocarel, je me demande parfois si ma vengeance ne sera pas trop complète.

COCAREL, épouvanté.

Assez! Assez! mon petit Saint-Rupin, je vous en prie!

SAINT-RUPIN.

Il n'y a pas de petit Saint-Rupin !

COCAREL.

Vous, qu'il y a quelques instants, j'aimais à considérer comme un gendre !... Vous ne voudriez pas que le nom de votre beau-père fût un stigmate pour ses descendants?...

SAINT-RUPIN.

Ils en changeront!... Ah! vous m'empêchez de faire nommer mes protégés, vous ! Nous allons rire. Maintenant je vais m'occuper de démolir Lahirel!

Il arpente vivement la scène et sort par la porte du fond.

COCAREL, se pendant à ses basques.

Saint-Rupin, ne me déshonorez pas; reprenez votre costume et le mien avec! Voyons, Ernest !

Le bruit de leurs voix se perd dans l'éloignement.

SCÈNE X

PEPINOIS, seul.

Il fait disparaître sous la table ses victuailles et sort quelques papiers.

Que d'émotions en une journée pour un huissier ! Mon déjeuner compromis, et deux hommes d'honneur qui se livrent dans mon antichambre à des vociférations mêlées d'injures au point que j'en ai été tout bouleversé... Et pourtant je ne suis pas un débutant!... C'est pénible!... Après tout, je suis bien bon, ça ne me regarde pas, travaillons... Voyons! il faut que je transcrive sur ce registre quelques cartes de visite ; c'est la partie désagréable de mon métier! — je ne peux pas lire les noms, et quand je les lis, j'ai de la peine

à les écrire. — (Il tire une carte.) — Ah! en voilà une
facile!... (Il lit.) — Le préfet de.... — (Parlé.) — Ah! ça
ne va plus. — (Il épelle.) — M, e, u, r, — Meur, — t, h,
e, — te, — (Parlé.) — de la Meurthe! ça va bien! Après!
(Il lit.) — M, o - mo - s, e, l, — Moselle; — (Parlé.) —
j'ai compris. L'imprimeur s'est encore trompé, ils n'en
font jamais d'autres, je vais rectifier. — (Il écrit en parlant.) — Le préfet de la Meurthe et sa demoiselle... Là,
comme cela, le Ministre sera prévenu. — (On sonne.)
Tiens! la sonnerie de l'extérieur! (Il sort un instant au
fond et revient. — A la cantonade.) — Je vais vous annoncer,
oui, monsieur. (Il ouvre la porte de droite, et crie d'une voix
solennelle.) — Monsieur Dubois, maître d'orchestre du
Conseil d'Etat !

SCÈNE XI

PEPINOIS, COCAREL.

COCAREL, entrant au fond, essoufflé.

Vous vous trompez! C'est maître des requêtes... Je le
connais, ce monsieur!

PEPINOIS.

Maître d'orchestre, maître des requêtes, c'est la même
chose!

COCAREL.

A peu de chose près!

PEPINOIS, après réflexion.

Au fait, je vais le faire passer par la porte dérobée,
ce monsieur Dubois!

Il sort au fond.

COCAREL, seul.

Eh! bien, je l'ai perdu, ce satané Saint-Rupin. Il

court plus vite que moi ; je n'ai pu lui arracher une bonne parole ! il n'a rien répondu à mes sollicitations, le traître !... Si j'avais pu supposer que ce fût aussi grave ! mais qui l'eût cru?... Alors, c'est le déshonneur qui m'attend, et tous les prétendus écartés pour ma fille !... Son avenir perdu !... Ah ! maudite soit l'ambition qui m'a poussé à solliciter le Mérite littéraire. J'étais si heureux et si tranquille auparavant ! La peste soit de ces bouts de rubans ! Je vous demande un peu quel est l'imposteur qui nous a gratifiés de cette invention !

PEPINOIS, rentrant, l'air gaillard.

Ma protection a porté ses fruits ! Vous allez être compris dans la prochaine promotion...

COCAREL, indifférent.

Moi ! voilà qui m'est égal !

PEPINOIS.

Comment ! vous n'êtes pas plus satisfait?...

COCAREL.

Que voulez-vous que ça me fasse !

PEPINOIS.

Alors, qu'est-ce que vous êtes venu faire ici ?

COCAREL.

Ah ! je vous le demanderai, par exemple. Votre décoration ne me sauve pas de la condamnation qui m'attend. Vous l'avez entendu, Saint-Rupin avec son article 401, brrr ! c'est effrayant !

PEPINOIS.

Laissez donc ! il n'osera pas !

COCAREL.

Mais si ! le lâche ! Il a filé tout droit chez le commissaire. Je suis un homme perdu !

PEPINOIS.

C'est ennuyeux, car vous avez eu tout à l'heure une

chance exceptionnelle. Cette année, nous manquions
de candidats pour notre ruban ; alors, vous compre-
nez, nous le donnons à tous ceux qui en ont envie. Si
même vous avez des amis...

COCAREL.

Tout conspire contre moi! Pour une fois que je réus-
sis, l'affaire tourne au tragique d'un autre côté. Quand
on m'y reprendra, par exemple!

PEPINOIS.

Enfin! j'ai fait ce que j'ai pu!

COCAREL, songeur.

Il a dit : « Un an à cinq ans de prison ! »

SCÈNE XII

LES MÊMES, SAINT-RUPIN.

SAINT-RUPIN, entre au fond, à Cocarel.

Ah ! vous voilà, vous! je pensais bien vous retrou-
ver là.

COCAREL.

Auriez-vous donc changé d'avis?...

SAINT-RUPIN.

Ecoutez! vous n'êtes pas fort, mais je ne vous crois
pas plus mauvais homme qu'un autre. Je ne vous ca-
cherai pas cependant que j'étais parti d'ici avec l'in-
tention d'aller jusqu'au bout. Je me dirigeais chez le
commissaire, filant comme un express. Il faisait chaud.

COCAREL.

Je le sais, je courais derrière vous.

SAINT-RUPIN.

L'air chargé d'électricité accroissait encore l'ardeur

de ma vengeance et la vitesse de ma course... Je l'a-
voue, je ne pensais qu'à vous être désagréable...

GOCAREL, à part.

Je frémis !

SAINT-RUPIN.

Quand tout à coup...

LES DEUX AUTRES.

Tout à coup ?

SAINT-RUPIN.

Au détour de la rue, j'aperçois deux dames qui viennent à ma rencontre : l'une déjà âgée, respectable,
l'autre jeune, élancée, charmante ; le type accompli de
la jeune fille. Je me laissais aller à la contemplation de
cette gracieuse silhouette, quand je la reconnus : c'é-
tait mademoiselle Cocarel qu'accompagnait sa mère !

COCAREL, à part.

Mon cœur de père se dilate !

SAINT-RUPIN.

Eh ! quoi ! m'écriai-je, une si charmante personne
peut-elle être vraiment la fille de cet être si grincheux,
si laid, si désagréable, qui s'incruste dans les antichambres de ministres !

COCAREL, protestant.

Ah ! mais ! ah ! mais !

SAINT-RUPIN.

Que vous dirai-je ? je fus désarmé, et je pardonnai
au père, touché par la grâce de la fille. Cocarel, vous
serez un beau-père désagréable ; mais, ma foi, je ne
résiste plus... (Il lui tend la main.) Au moins serai-je
agréé par madame Cocarel ?

COCAREL, radieux.

Ah ! mon gendre ! après votre générosité, je réponds
d'elle comme de moi-même.

SAINT-RUPIN.

La noce faite, j'irai habiter le Midi.

PEPINOIS, intervenant, à Saint-Rupin.

A propos! votre beau-père, il a encore de la chance,
je te le fais décorer; on manquait de candidats !

SAINT-RUPIN.

Il ne sera pas seul heureux, Pepinois ! J'ai pensé à
vous en revenant, et je suis passé chez mon ami le
Consul des Iles sur-le-Vent. Cédant à mes instances
réitérées, il a bien voulu prendre en considération vos
longs et sérieux services.

PEPINOIS, radieux.

Qu'entends-je ?

SAINT-RUPIN.

Vous êtes nommé chevalier de l'ordre du Caméléon
jaune, dont le vrai titre est en langue canaque. « Kara-
Kiki ! » — Le brevet vous sera expédié ultérieurement.
En attendant je vais vous remettre le bijou.

PEPINOIS.

Enfin ! mon rêve !

COCAREL, lui serrant la main.

Mon cher collègue, mes félicitations !

SAINT-RUPIN, tirant d'un petit écrin un anneau d'argent auquel pendent deux boules jaunes.

Voici les insignes de votre ordre !

PEPINOIS.

C'est gentil ! Comment ça se porte-t-il ?

SAINT-RUPIN.

Ça se porte dans le nez ! c'est un signe de noblesse!

PEPINOIS, avec une joie mélangée.

Il y a des moments où ça doit être gênant !... Ne pourrait-on pas trouver moyen de le placer ailleurs ?

SAINT-RUPIN,

Y pensez-vous ? Les règlements s'y opposent d'une manière formelle.

COCAREL, sentencieux.

Les honneurs sont quelquefois lourds à porter !...

FIN

IMPRIMERIE GÉNÉRALE DE CHATILLON-SUR-SEINE — A. PICHAT.

A LA MÊME LIBRAIRIE

IMPRIMERIE GÉNÉRALE DE CHATILLON-SUR-SEINE — A. PICHAT.